ENERGIA POSITIVA AL ALCANCE DE LA MANO

Como la energía positiva no se ve, es difícil para las personas aceptar su existencia, sin embargo, existen algunas cosas que pueden hacer para convencerse...

Introducción

Cada individuo puede manejar la energía, para tranquilizar a otro, eliminar el dolor, reducir los síntomas de una enfermedad, eliminar los efectos negativos de algunos alimentos, quitar efectos secundarios de medicamentos, eliminar cansancios, tedios y enojos.

El uso de la energía positiva, como yo la llamo, puede ser parte de la vida cotidiana y contribuir a afianzar nuestros los lazos de amor en la familia y con el prójimo.

El conocer y emplear la energía, puede encauzar de manera positiva su vida, ya que:

- Tendrán la oportunidad de fijarse nuevas metas.

- Recibirán la gratitud y bendiciones de quienes reciban su ayuda.

- Encontraran la felicidad en el hecho sencillo de auto ayudarse y ayudar a los que les rodean.

- Descubrirán que son parte del todo.

- Proveerán y serán proveídos de energía vital que fluye por el universo.

ENERGIA POSITIVA

AL ALCANCE DE LA MANO

Octavio Carranza

Todo lo que he aprendido sobre la energía positiva ha sucedido al lado de mi esposa y mi hijo, a quienes dedico este texto.

Capítulo I
Que es y cómo funciona

La energía positiva (EP) es una energía que fluye a través nuestro y pude canalizarse con efectos benéficos sobre los seres animados e inanimados que nos rodean.

Esa energía fluye por nuestro cuerpo y emana de las manos y los pies.

Cualquier persona impulsada por el deseo de hacer el bien a otro individuo puede fungir como intermediario, trasmisor o receptor de dicha energía.

La energía no es capaz de hacer daño; aquel que no la requiere, no la asimila; aquel que no la desea no la obtiene; aquel que la desea, la atrapa y la utiliza; aquel que de manera involuntaria se encuentra con ella y la necesita, la puede captar.

La energía es positiva para quien la canaliza pues es dando como se recibe.

No tiene limitantes de tiempo, espacio, cantidad, calidad, o potencia.

No puede ser utilizada o asimilada en ningún caso y bajo ninguna circunstancia en forma negativa.

El que sirve de canal puede dirigir su energía hacia sí mismo; la energía positiva no existe de manera selectiva, cualquier individuo puede darla y recibirla sin restricciones de credo, raza, sexo, nacionalidad, situación civil.

Su aplicación únicamente depende de la voluntad de servir a los otros o a nosotros mismos, puede ser aplicada en cualquier lugar, a cualquier hora del día o la noche; no se requiere ropa o calzado especiales, no se requiere estar totalmente relajado o totalmente quieto, no se requiere concentrarse en ella mientras se aplica.

La energía positiva actúa sobre los organismos vivos restableciendo el equilibrio energético natural, por lo tanto es capaz de eliminar dolor agudo y crónico, ayudado también a disminuir disfunciones orgánicas.

Puesto que no es una medicina, no se requieren conocimientos médicos para aplicarla, la energía positiva se dirige espontáneamente a los sitios que lo requieren.

Para su aplicación o canalización, no es necesario contar con conocimientos especializados.

La aplicación puede realizarse teniendo un contacto directo o sin él, no existiendo limitaciones debidas a la distancia física entre el que la canaliza y el que la recibe.

Pude aplicarse con las manos, los dedos, los pies, y proyectarse.

Capítulo II
Resultados de su aplicación

Los padecimientos crónicos, tienden a incrementarse momentáneamente después de la aplicación, por lo cual el receptor tiene que estar consciente de ello; posteriormente se inicia la mejoría.

Algunos problemas como quemaduras, raspaduras, etc., deben tratarse sin tocar al receptor, colocando la fuente de transmisión, pies o manos a corta distancia del área a tratar.

Una vez iniciado el proceso de transmisión, en el sitio afectado, suele sentirse gran calor, lo cual demuestra la actuación sobre un problema físico reciente.

El receptor tiende a relajarse y entrar en un estado de somnolencia durante su aplicación; lo contrario no significa que la energía no actúe.

El transmisor no tiene que mentalizar la acción para que la energía fluya, los pensamientos pueden vagar libremente durante el proceso, sin que por ello disminuya la efectividad.

No es conveniente aplicarla cuando algún individuo de manera abierta y voluntaria no lo

- La recepción de la energía positiva puede ser en cualquier parte del cuerpo y de manera específica se puede aplicar en parte alta de la cabeza, frente, etc.

- La reacción más común a la aplicación de la energía positiva es un estado de somnolencia por lo que es importante buscar en lo posible una situación o posición cómoda para el receptor y para el aplicador.

- La energía positiva se puede aplicar al mismo tiempo que recibir de quien se aplica o de otro emisor y actúa de la misma manera.

- La energía positiva es igualmente efectiva cuando la aplica un niño o un adulto.

- La energía positiva se puede aplicar en cualquier lugar y momento sin requerirse algún ritual o rutina específica, vestimenta, etc.

- La energía positiva actúa de igual manera en cualquier individuo cualquiera que sea su credo, raza,

- La energía positiva actúa sobre personas, plantas, animales, medicamentos, alimentos e inclusive sobre el planeta.

Epilogo

Ahora que ya conocen uno de los grandes atributos con el que nos dotó el creador, inicien el empleo de la energía positiva en su propia casa, con sus esposos y esposas, compañeros o compañeras, hermanos y hermanas, hijos e hijas, padres y madres... recibirán a cambio momentos de intensa felicidad.

Se puede aplicar cuando el que la recibe otorga una aceptación directa o de manera implícita al acceder al contacto, la cercanía, o al no mostrar respuesta pues ello es indicativo de que acepta la energía positiva.

En situaciones de extrema urgencia debemos dejar que nuestras manos se coloquen de manera automática en el lugar indicado, no tratando de mentalizar las acciones a seguir.

La aplicación a veces puede realizarse de manera totalmente local, inclusive colocando uno de nuestros dedos sobre el punto a energizar o equilibrar. En ciertos casos hay que dejar que la mano y / o el dedo se dirija de manara espontánea hacia el sitio en donde se origina el dolor.

Existen situaciones en que la energía es requerida en todo el cuerpo por lo cual debe aplicarse en todos los principales puntos receptores de la energía positiva, aplicado todas las veces que sea necesario.

Los sitios específicos para otorgar la energía positiva de manera integral son: la parte alta de la cabeza, la frente, el cuello en su parte anterior, el centro del pecho, a terminar las costillas e iniciar el abdomen, por abajo del izquierdo y derecho, la cintura en su lado izquierdo y derecho, justo donde se inicia la nalga, la parte posterior del cuello, las curvas justo atrás de la rodilla y las palmas de los pies.

El tratamiento general debe realizarse colocando manos o pies del transmisor en los sitios indicados, para lo cual es preferible que el receptor se encuentre con ropa cómoda y en una posición cómoda y que el transmisor se encuentre en una posición que le permita realizar sin esfuerzo excesivo la aplicación de la energía positiva.

La aplicación en los principales puntos receptores de la energía positiva, permite lograr un equilibrio energético general, lo cual trae como consecuencia la desaparición inmediata de manifestaciones físicas y anímicas originadas en un desequilibrio energético. Problemas como la depresión, la angustia, el estrés, o el insomnio, pueden mejorar notablemente después de un tratamiento integral repetido.

La aplicación en la parte alta de la cabeza (coronilla) permite que fluya de arriba hacia abajo, eliminando los síntomas existentes en donde éstos van apareciendo (cabeza, brazos, área torácica, abdomen, piernas y pies); en estos casos, la energía puede

El paso de la energía puede ser lento o rápido lo cual depende de la necesidad, urgencia o tipo de problema de cada individuo

Por lo general cuando la energía positiva fluye, el que aplica siente un calor muy especial en la mano, el cual deja de percibirse cuando el proceso ha concluido.

Al aplicar con la mano, es conveniente juntar los dedos pues ello permite un flujo mejor de la energía.

Es posible para un individuo transmisor juntarse con otros transmisores de energía positiva, para hacer una aplicación simultánea o alternada de energía, lo cual no cambia la calidad del tratamiento realizado por un mismo individuo, pero permite procesos más rápidos de recuperación.

La transmisión de la energía positiva, puede realizarse a distancia con éxito; en estos casos es difícil percibir los resultados en el receptor.

La aplicación a distancia de la energía positiva puede desviar su camino y dirigirse hacia otro individuo que en ese momento la requiere y la convoca. Es decisión del trasmisor el permitir o no que esa otra persona tome la energía.

La transmisión de la energía positiva a distancia se facilita visualizando el centro del tórax del receptor, lo cual no impedirá que la energía positiva fluya de manera autónoma hacia el sitio que más lo requiera.

La transmisión a distancia, requiere de un proceso previo de concentración y contar con el tiempo necesario para realizarla de manera relajada.

Durante la canalización o aplicación directa, puede percibirse frió en la zona de recepción, lo cual es indicativo de un problema o padecimiento antiguo.

En muchas ocasiones al aplicar la energía positiva no se siente el calor o el frío señalado, lo cual no implica que la energía no esté fluyendo; en esos casos, es conveniente continuar la aplicación hasta lograr una respuesta.

Es posible que la transmisión - recepción de la energía positiva, sea interferida por objetos metálicos tales como pulseras, collares, relojes. Por lo mismo es conveniente quitarlos para que la energía fluya de mejor manera aunque esto no es estrictamente necesario *positiva en instantes.*

El recibir energía positiva sin consentimiento puede provocar ira o enojo

extendida sobre el centro de su pecho; yo estaba en cuclillas en el pequeño hueco que quedó entre la pared izquierda y su cuerpo extendido.

Casi de manera instantánea regresó, abrió los ojos y los movió varias veces de izquierda y derecha y derecha a izquierda. Su mirada era de enojo.

Lo ayudé a levantarse y juntos vimos que no tuviera golpes severos… me preocupaba el golpe sobre la nuca. No recordaba nada... solo sentía un dolor de cabeza.

La energía positiva no

Posteriormente mi amigo, que es un científico, solamente me hizo una pregunta ¿Porqué golpeaste con tu mano el centro de mi despertó, mire hacia el baño y lo miré entre sombras, detenido del lavamanos; instantes después, la sombra se desvaneció cayendo hacia el suelo. Alarmado, me levanté de inmediato y corrí hacia el baño, la oscuridad del baño me impidió ver, por lo que busque el apagador y encendí la luz. Me sobresalté al verlo y grité desesperado ¿qué te pasa?

Mi amigo se encontraba tendido a lo largo del piso y con la cabeza sobre la banqueta de la bañera. Se encontraba boca arriba y su cuerpo completamente extendido y tieso. Por mi mente cruzó la idea de que podría estar muerto...

De manera intuitiva le di un golpe con la mano derecha

La energía positiva guía a la mano hacia el sitio indicado.

En condiciones de emergencia, puede absorberse mucha energía contacto de mi mano en su cuero cabelludo, a pesar de que siempre la mantuve a una distancia de 3 ó 4 centímetros de su piel. Durante el tiempo que duró el tratamiento, yo sentí un leve paso de energía y calor en la palma de mi mano.

Los dos días siguientes permaneció tranquilo, habló poco pero despacio y no gesticuló o manoteó durante sus conversaciones.

Historia III

Un amigo al que apreció y me aprecia, me invitó a alojarme en su departamento durante una visita de trabajo que realicé a la ciudad en que él vive.

Una noche, después de habernos dormido, algo me

mis manos. Al día siguiente mi colega llegó a trabajar sin ningún síntoma de gripe.

Historia II

La energía positiva puede ejercer su acción a pesar de que el receptor no sienta nada.

La energía positiva puede restablecer condiciones positivas emocionales

Una persona con la cual estuve conversando, manifestó vivir estresado y preocupado pensando en todas las actividades que desarrollaba para ganarse la vida. Hablaba muy rápido haciendo movimientos bruscos de las manos. Durante la plática en una sala del Hotel en donde ambos nos hospedamos, me situé a su lado y coloque mi mano derecha a 3 ó 4 centímetros de la parte superior de su cabeza, manteniéndola ahí por 5 ó 6 minutos.

El receptor me comentó no sentir nada excepto el

El receptor es capaz de sentir el paso de la energía positiva por su cuerpo a través de la sensación de mejoría local.

La energía positiva puede penetrar por un solo sitio y distribuirse por todo el cuerpo.

energía positiva, a lo cual accedió.

Se sentó en una silla y yo me coloqué a su izquierda un poco hacia atrás, colocando mi mano a unos 5 centímetros de la parte superior de su cabeza; de inmediato sentí como su cuerpo tomaba la energía positiva. Durante los aproximadamente 10 minutos que duró el tratamiento, mi amigo me fue describiendo los efectos de la energía positiva, el alivio se inició en la cabeza, después se destapó su nariz, posteriormente sintió una mejoría en el pecho, los brazos, las piernas, los pies y los dedos de los pies. En el momento que terminó de sentir la Energía positiva en los dedos de los pies, se detuvo el flujo de energía de

Capítulo V
Pequeñas historias con enseñanza

Historia I

Un amigo italiano se presentó el lunes a sus actividades laborales con un resfriado que fue aumentando en su sintomatología, en el transcurso del día. A las 9:00 horas tenía la nariz tapada y su voz era gangosa. A las 5:30 de la tarde, no podía respirar por la nariz, los ojos se encontraban sumamente llorosos y párpados inflamados, casi no podía hablar, la nariz se encontraba completamente congestionada y se le notaba malestar generalizado.

Al terminar el día le pedí permiso para aplicarle

Capítulo IV
Reflexiones

Aún cuando iniciemos el uso de la energía positiva y veamos objetivamente sus resultados, existen temas para reflexionar durante nuestros momentos de descanso y tranquilidad espiritual.

¿La energía positiva nos muestra un universo paralelo de carácter energético, invisible para la vista y los instrumentos de medición creados hasta ahora por los humanos?

¿Es finita o infinita la energía positiva?

¿Cómo puede penetrar a un organismo receptor para después salir de éste y depositarse definitivamente en otro individuo?

¿Existe por sí misma la energía positiva o responde a voluntades superiores?

¿Podremos los humanos, todos juntos reparar las heridas que causan a nuestro mundo guerras, contaminación, depredación de bosques y selvas, utilización de elementos radioactivos?

Por el momento no existen respuestas.

Debemos ser capaces de identificar otros usos o beneficios del empleo de la energía positiva para el bien de nosotros mismos, de nuestros semejantes, de la tierra y del universo.

Capítulo III
Recomendaciones

Tomen unos segundos para dirigir sus pensamientos hacia su ser interior colocando sus manos, una sobre otra arriba de su corazón, y sintiendo como palpita; después, inicien la transmisión.

Ante la presencia de enfermedades infecciosa aguda, la energía positiva debe ser un auxiliar del tratamiento médico recomendado.

Todo funciona mejor si el receptor se concentra en sus propios valores morales y espirituales durante el proceso de recepción de la energía positiva.

Hay que hacer consciente al receptor de que en todos los casos deben tratar de eliminar las causas de su problema, de lo contrario la mejoría será temporal.

No es conveniente relacionar ningún otro tema físico o metafísico con la energía positiva, debemos actuar con la seguridad de que la energía positiva existe sin intentar explicar sus razones.

Es importante estar conscientes de que no somos los creadores o dadores de la energía

Al aplicar la energía en receptores con implantes metálicos permanentes derivados de una cirugía, es conveniente depositar la energía positiva en un sitio energético alejado de la zona a tratar.

Aplicaciones repetidas de la energía positiva pueden ocasionar el desprendimiento de implantes dentales metálicos antiguos.

La aplicación y /o recepción pude realizarse de diversas maneras, incluso distintas a las que se sugieren. Ello no debe alarmarnos pues la principal característica de la energía positiva es que no daña de ninguna manera al individuo que la recibe.

La energía positiva no puede transformar valores culturales o nuestra personalidad. Cuando alguien que se sentía mal física o anímicamente recobra su equilibrio energético, volverá a ser el mismo de antes.

elimina la visita al médico

pecho? ¿Por qué no me reanimaste como yo lo hubiera hecho, con golpecitos en la mejilla? La respuesta fue sencilla y tajante, no tuve tiempo de hacerlo, pensé que habías muerto

Al despedirme, tres días después, mi amigo me prometió que visitaría a su Médico para una revisión a fondo.

Historia IV

El amor hacia quien recibe la energía positiva mejora su efectividad

Una noche cualquiera, al estar en la cama a punto de dormir, de manera simultánea mi esposa y yo intentamos darnos un beso; el resultado fue un duro golpe de mi nariz sobre su ojo izquierdo. De inmediato su ojo empezó a lagrimear, con dolor intenso y a inflamarse; apenado por ser el causante de su malestar, coloqué la palma de mi mano derecha a unos 5 centímetros del ojo lastimado. A los pocos segundos cesó el dolor, unos minutos después se suprimió el lagrimeo y 10 ó 15 minutos después desapareció la inflamación.

Mi esposa estaba segura de que su ojo amanecería inflamado, lo cual no sucedió.

Historia V

Después de un viaje de vacaciones a la playa en el verano, se me inflamaron las dos rodillas, por lo cual tuve un dolor agudo por varios días. Si bien la inflamación cedió, no quedé del todo bien ya que el dolor y las molestias persistieron de manera recurrente.

Trastornos crónicos requieren mucha energía positiva y cuando ésta se coloca en un sitio en particular, con esas características, no fluye hacia otro sitio hasta no haber resuelto el problema del sitio donde se aplica.

Ocho meses después, durante una vista a casa de mi madre, al estar charlando con una prima que también se encontraba de visita, me preguntó la razón de mi evidente problema al caminar, yo le comenté sobre el dolor agudo que sufría. Ella simplemente colocó su mano sobre una de mis rodillas mientras continuamos la plática por cerca de 20 minutos. Durante ese tiempo solo sentí el calor que su mano generaba en mi rodilla.

La aplicación de la energía

A partir de ese día se inició una franca recuperación de la rodilla, misma que culminó semanas después al *positiva en procesos crónicos, causa un aumento temporal de los síntomas.*

desaparecer por completo el dolor agudo casi constante. Sufrí molestias ocasionales, sobre todo cuando después de correr o hacer movimientos bruscos.

Tuve la oportunidad de contrastar la mejoría de la rodilla que recibió la energía positiva contra la rodilla que no la recibió, la cual no mostró mejoría alguna.

Algunos meses después, aprendí a emplear la energía positiva y yo mismo me puse las manos (izquierda en rodilla izquierda y derecha en rodilla derecha) cada momento que pude, ya sea durante una junta de trabajo o una conferencia. Después de cada tratamiento la sintomatología empeoraba para posteriormente disminuir paulatinamente.

Actualmente, puedo caminar sin problemas, así como realizar ejercicios, sin ninguna molestia.

Historia VI

En cierta ocasión estando de visita familiar, una persona cercana que sufre de alergia al pelo de gato, presentó los síntomas de urna reacción alérgica.

La distancia a partir de donde se aplica la energía positiva, no disminuye su efectividad.

En virtud de que el lagrimeo, la congestión ocular, la congestión nasal se manifestaron de manera muy agresiva, inicié un tratamiento con energía positiva sentando a la receptora en una silla frente a mí, y extendí mis manos

Dos transmisores al mismo tiempo pueden pasar energía positiva al paciente, sin interferencia alguna

La interrupción espontánea del flujo de energía positiva, significa que el paciente ya no lo requiere.

con las palmas dirigidas hacia la receptora, colocándome de pie a unos 80 centímetros de distancia.

De manera simultánea la anfitriona también extendió sus manos hacia la receptora colocándolas a cerca de 50 centímetros.

Una vez iniciada la aplicación, sentí como la energía fluía hacia la receptora. Después de 9 ó 10 minutos sentí como el flujo se detuvo y sin pensarlo exclamé ¡ya estás! ¡Ya no tienes molestias! ...

La otra persona que aplicaba la energía positiva de manera simultánea interrumpió la aplicación.

La sintomatología y el malestar que hacía unos

Sin no desaparece la causa, el problema reaparece.

minutos presentaba la receptora habían desaparecido.

Sin embargo, le aconsejamos salir de la casa ya que el origen de la alergia seguía ahí y podrían volver a manifestarse los síntomas.

Historia VII

Una amiga mía, se me acerco en una ocasión para comentarme que hacía dos o tres días le inició un dolor agudo en la parte superior derecha del pecho, por lo cual ese mismo día por la tarde visitaría a su médico. Me comentó que el dolor no la dejaba estar tranquila y éste se manifestaba como si le clavaran un alfiler.

Le pregunte si deseaba que

el dolor desapareciera y ella indico que sí.

Le acerqué una silla y yo me senté en otra silla frente a ella; extendí mis dos manos con las palmas dirigidas hacia el sitio en que manifestó dolor y a una distancia aproximada de 50 centímetros, sintiendo como pasaba la energía positiva hacia ella. En cuestión de uno o dos minutos sentí como el fluido se detuvo.

La eliminación del dolor no es suficiente, hay que tratar con más tiempo cualquier caso para que la energía positiva haga su trabajo.

A veces el dolor es necesario para percatarnos de problema.

Al siguiente día, al preguntar a mi amiga el resultado de su visita con su médico familiar, me comentó que la ausencia de dolor le impidió señalar a su médico con precisión el sitio del problema.

El médico no pudo detectar al momento de la palpación

el sitio exacto del problema, pero trató el caso como una mastitis quística.

Historia VIII

La historia que me platicó una compañera de trabajo sobre su pequeño hijo de 2 años de edad me causó profunda preocupación. Los pediatras del niño coincidieron en señalar que el niño tenía un retraso mental de un 50% cuya causa posible era un callo cerebral ocasionado por el empleo de fórceps durante el parto.

Debemos perder el miedo a hablar abiertamente sobre la energía positiva

Aún sin saber que podría yo hacer por ellos, le pedí a la madre del pequeño que me visitara junto con su hijo en mi oficina.

Ella accedió y días después

El pensar en alguien que requiere la energía positiva hace que la misma fluya hacia él.

me llevó al niño.

El día de la cita, en mi auto, camino a la oficina, pensé en el niño, en el problema que manifestaba y en qué podría hacer por él al verlo.... de pronto mis pensamientos fueron interrumpidos por un fuerte y desmesurado calor en mis manos. De manera inconsciente pegue las palmas de las manos y pude sentirlo, ahí estaba ante mí la energía positiva, plena y sencilla respondiendo a mis interrogantes.

La emoción del momento me embriagó, no existían semáforos, ni tráfico, ni ruido, ni calor...nada, solo esa sensación de fortaleza.

El no concluir un tratamiento no

Nunca hasta ese momento, había actuado como

tiene efectos negativos sobre el receptor.

transmisor consciente de la energía positiva hacia otra persona.

Pregunté a la mamá del niño en que sitio diagnosticaron los médicos el callo y ella indicó que en la sien derecha. Me acerque a él y coloque mi mano derecha sobre su cabeza, justo en el lugar indicado por ella. De inmediato se calentó el sitio y comencé a sentir un calor generalizado y una sudación intensa. Después de unos minutos retire la mano, la cual seguía caliente.

La energía positiva puede suministrarse en pequeñas dosis con un buen efecto a largo plazo. El efecto de la energía positiva es acumulativo.

Consideré que el proceso de sanación requería de un tratamiento constante, que yo no podía otorgar por cuestiones de tiempo.

Es muy fácil aprender si se cree, es muy fácil transmitir si se ama.

Por lo mismo pedía a mi amiga que diariamente colocara su mano por algunos minutos en la cabeza de su hijo. Invoque a su amor de madre y le pedí que bajo ninguna circunstancia tratara a su hijo como a un niño con retraso.

Al transcurrir nueve meses desde la cita, me atreví a preguntarle a mi compañera de trabajo sobre el progreso de su pequeño y entonces escuche a una madre feliz decir que en recientes estudios se había comprobado que ahora el retraso únicamente es de un 20% contra el 50% diagnosticado al inicio: La noticia me emocionó tanto como el día que la energía positiva se descubrió ante mí.

Historia IX

Ella se fracturó un dedo del pie, al andar descalza por el departamento. Cuando la vi habían transcurrido varias horas desde el golpe, el dedo estaba amoratado y le dolía mucho.

La energía positiva fluye de la misma forma y con la misma intensidad a través de la parte anterior de las plantas de los pies.

Para elegir la vía debe tomarse en cuenta la comodidad.

Por simple comodidad, estando los dos de pie, coloqué la planta de mi pie descalzo a unos 3 centímetros del dedo lastimado, lo mantuve ahí por algunos minutos y cuando lo retiré ella no sentía dolor alguno.

Historia X

Mi hermana, se golpeó con una pata de la cama el dedo meñique del pie izquierdo, cuando lo

La energía positiva puede

canalizarse a través de uno o dos dedos, sin necesidad de que sea a través de las palmas de las manos.

mencionó durante una reunión entre amigos, tomé su dedo entre mis dedos índice y pulgar y lo tuve así un tiempo, cuando lo retiré señalo que le dolía menos.

Historia XI

Durante una fiesta infantil, un perro maltés, acosado por los niños, mordió al más pequeño, una criatura de apenas 2 años.

La aplicación de la energía positiva dirigida específicamente a un área puede ayudar a contener una hemorragia.

El diente hizo un orificio profundo en la piel del cuello del pequeño, lo cual provocaba un sangrado continuo. No había primeros auxilios a la mano, por lo que limpié con una servilleta limpia el área y apliqué la yema del dedo pulgar cor una ligera presión en el siti de la herida. Enseguida se

detuvo el sangrado.
Después de media hora, la herida se limpió con Alcohol. La herida no se infectó.

Historia XII

Un día de lluvia, salí a la calle en busca de mi auto en mangas de camisa; cuando logré subirme a él, me encontraba bastante mojado. De inmediato comencé a sentir un tenue dolor de garganta. Lo mismo me sucedió dos veces más en el trascurso de ese día.

Por la noche las molestias eran mayores por lo que inicié la auto aplicación de la energía positiva en la parte alta de la cabeza, la apliqué cada vez que me acordé, de día o de noche, en la casa, la oficina o en el mismo auto... gradualmente mejoraron los síntomas disminuyendo la molestia de la garganta.

Tres días después, aún con una ligera molestia en la garganta, me mojé nuevamente cuando un aguacero torrencial me atrapó cruzado una calle.

A los pocos minutos llegué a mi casa, me cambié la ropa (calcetines y zapatos inclusive) y me sequé el pelo.

Por la noche, se manifestó un malestar general, constipación nasal y mucosidad; dolor de garganta agudo. Apliqué la energía positiva varias veces durante la noche en la parte superior de la cabeza, frente, pecho y cuello, sin aparente mejoría.

A la mañana siguiente, al despertar sentí un ardor que bajaba de la garganta hacia el pecho y me aplique varias veces la energía positiva en el pecho y garganta, sin embargo la molestia persistió. A medio día mi médico me ordenó un tratamiento a base de antibiótico para tratar la amigdalitis, faringitis y el inicio de bronquitis.

Enfermedades infecciosas agudas, pueden ser más rápidas en su desarrollo (horas) que la energía positiva en su neutralización En esos casos la aplicación de la energía positiva ayuda a desaparecer ciertos síntomas en combinación con medicamentos específicos.

En la noche de ese mismo día ya bajo la terapia de antibióticos, continué la aplicación de energía positiva, pues tenía la nariz congestionada y malestar general. Apliqué por mucho tiempo la energía positiva en el pecho hasta quedar dormido.

En la madrugada desperté con la clara conciencia de que mi fosa nasal izquierda estaba totalmente libre y así permaneció hasta la mañana siguiente.

Mi terapia de antibióticos fue acompañada de aplicación de energía positiva en el pecho, antes de dormir y en la parte alta de la cabeza, cada vez que se pudo.

Historia XIII

Una amiga tenía un dolor de cabeza fuerte; al comentarme su molestia le pedí que se sentara y yo desde la silla contigua extendí mi mano derecha sobre su cabeza; de momento, no sentí nada pero a los pocos segundos se inició la transmisión de la

Algunas personas se adormecen durante la aplicación de la energía positiva.

La velocidad de respuesta a la energía positiva depende del

problema de raíz.

Si ante un problema que suponemos de carácter local, la energía positiva fluye con mucha fuerza y por mucho tiempo, la causa puede ser otra y que el receptor no se ha dado cuenta o no nos dijo.

Es conveniente preguntar previamente la existencia de algún tipo de problema diferente al que nos han mencionado.

energía positiva.

El estar en un lugar público y ella tener prisa, solo me permitió transmitir unos cuantos minutos, sin embargo ella empezó a parpadear y a cabecear; la energía positiva pasaba con fuerza.

Algo me decía que la energía pasaba hacia su cuerpo no quedándose en su cabeza que era el signo aparente.

Tal vez pasaron 5 minutos cuando ella me indicó que se tenía que retirar, le pregunté sobre su dolor y me respondió que no desapareció. Le comenté lo que sentí, que era otra parte de su organismo la causa de su dolor de cabeza... ella simplemente respondió es la menstruación.

La energía positiva fluye libremente hacia los sitios en que el organismo lo requiere.

Historia XIV

Otra persona me comentó de un problema de alergia nasal relacionado con las bebidas calientes. Por ello iniciamos sesiones de aplicación periódica de energía positiva.

La aplicación fue en la coronilla o colocando mi mano derecha a la altura de su nariz.

La aplicación a la altura de la nariz siempre fue con efectos inmediatos, la de la coronilla hacia fluir la energía por varios minutos de forma fuerte, es decir jalaba.

Después de aplicaciones diarias por una semana,

desaparecieron los signos de la alergia; estornudos, congestión nasal, flujo nasal.

Meses más tarde me confesó que también se había regularizado su ciclo menstrual.

Aunque nunca lo supe, la energía positiva fluyó también hacia su sistema reproductor.

Historia XV

Me he dado cuenta que empleo más la mano derecha pues soy diestro. Pero el efecto es igual

Durante un viaje de trabajo, al llegar al aeropuerto de la ciudad de México, me presenté a documentar mi vuelo. En la fila se encontraba una mujer de unos 35 años, a su lado sentado sobre una maleta se hallaba un niño de aproximadamente 5 años, el cual inclinado y con las manos en el abdomen vomitaba.

Los niños son bastante receptivos a la energía positiva y funciona muy rápidamente

La madre me comentó "está mareado, el viaje ha sido largo", me encargó el equipaje y fue en busca de personal de limpieza, obviamente preocupada tanto por los pasajeros como por su pequeño...

No pedí permiso a la madre, pero el niño me permitió acercarme y colocar mis manos sobre su frente y su abdomen.

Mientras la señora se dirigió en busca del personal de limpieza, yo me acerque al niño por detrás y coloque mi mano derecha sobre su frente y posteriormente frente a su abdomen, mi mente completamente vertida hacia él para evitar su angustia y su malestar.

La resolución casi inmediata del problema, denota un problema agudo

A escasos 3 minutos regresó la señora y movió a su hijo y el equipaje hacia otro sitio. El niño permaneció quieto, *momentáneo sin causa de raíz.*

no volvió a vomitar y no se llevó las manos más al abdomen.

Historia XVI

Los niños pueden aprender fácilmente a transmitir la energía positiva. Las condiciones para la primera experiencia pueden ser las normales de la vida cotidiana, no es necesario aplicar ningún tipo de ritual, vestir de alguna forma específica ni estar en lugar específico.

El niño no pide tantas explicaciones, ni requiere pruebas para creer. Su aprendizaje puede ser

Una mañana llevé a mi hijo de 8 años al parque a andar en su bicicleta; mientras él hacia ejercicio y se divertía, yo puse las palmas de mis manos sobre mis rodillas a fin de entregar energía positiva.

Era la época en que sufría constantemente de dólar agudo al caminar.

Al terminar sus actividades mi pequeño vino a mí y pregunto qué hacia; en pocas palabras le dije que estaba dando energía positiva a mis rodillas, que la energía positiva procedía de las manos, que si juntaba una palma de la mano con *inmediato.*

La entrega mutua de energía positiva entre dos individuos es posible de realizar de manera simultánea, con la misma efectividad.

la otra podría percibir el calor que se generaba en el espacio entre ambas.

La respuesta inteligente fue la siguiente: A mí me duele la rodilla, yo te doy energía positiva a tus rodillas y tu le das a las mías...

Así fue que lo senté entre mis piernas y puse mis manos en sus rodillas y el puso las suyas en las mías.

Mis manos sintieron de inmediato el paso de la energía positiva hacia las rodillas de mi pequeño, el cual sufría dolores después de hacer ejercicio... sentía simultáneamente la energía positiva y el amor de mi pequeño.

A partir de ese momento el empleo de la energía

Para los niños es muy fácil aplicar la energía positiva en su vida cotidiana, pues no tienen temor de qué dirán. Son abiertos, espontáneos y sensibles.

La energía positiva transmitida por un niño es igual de efectiva que la transmitida por un adulto.

positiva entre los miembros de la familia, se volvió cotidiano, aplicándose para insomnios, golpes contusos, angustias, dolores musculares y como apoyo adicional ante infecciones gripes, dolores estomacales, etc.

Las plantas decorativas de mi hogar no fueron la excepción para el empleo de la energía positiva.

Mi hijo se auto aplica la energía positiva, como rutina ante golpes, cortaduras o excoriaciones y me la ha aplicado con éxito ante malestares generalizados.

Historia XVII

La energía positiva elimina

En una ocasión, un desorden

rápidamente los síntomas de una infección, pero no la infección.

intestinal, me provocó un desvanecimiento acompañado de dolor de cabeza agudo y nauseas. Me recosté buscando descansar y de pronto mi pequeño se recostó a mi lado y colocó la palma de su mano derecha sobre mi frente. De inmediato sentí el paso de la energía positiva, la sensación fue como la de un viento fresco, la tensión se eliminó de inmediato y el malestar generalizado cedió un poco.

Mi frente se mantuvo caliente durante toda la aplicación y su mano estuvo directamente en contacto con mi frente. Cuando el pequeño retiró su mano, su palma sudaba

Capítulo VI
Un repaso de los conceptos básicos de la energía positiva

- El receptor es capaz de sentir el paso de la energía positiva por su cuerpo.

- También siente cómo cambia la temperatura en el lugar en que se está aplicando la energía positiva.

- La energía positiva es capaz de distribuirse por todo el cuerpo, independientemente del sitio en el cual se aplica.

- La energía positiva va sola a los sitios que más lo requieren.

- Es posible que el receptor de la energía positiva no sienta nada cuando ésta se aplica, lo cual no significa que la energía positiva no esté actuando.

- La energía positiva actúa sobre malestares físicos y malestares emocionales o psicológicos.

- El que aplica la energía positiva puede dejar que su mano se mueva sola hasta el sitio que la requiera, ello permite una actuación directa sobre el sitio.

- En condiciones de urgencia, una persona puede tomar grandes cantidades de energía positiva en unos instantes.

- En esos casos, puede realizar las aplicaciones con o sin el conocimiento del receptor.

- La aplicación de la energía positiva debe hacerse con el conocimiento del receptor, el cual no por fuerza debe saber que esta recibiéndola, sino únicamente aceptar nuestra cercanía y contacto o presencia.

- Cuando el que recibe la energía positiva se encuentra consciente de ello, la acción es más directa y fácil pues los dos se encuentran relajados y receptivos.

- Durante padecimientos o enfermedades que pueden ser tratados con medicamentos, la energía positiva puede actuar como complementaria a la terapia dictada por un médico.

- Existen algunos problemas como por ejemplo cálculos, que requieren intervención quirúrgica, y en ellos la energía positiva es complementaria.

- La aplicación debe ser con amor a quien se aplica y por propia voluntad de quien la aplica.

- La energía positiva no se puede aplicar de manera obligada a nadie; ni el que aplica ni el que recibe debe actuar por coacción.

- Algunos receptores de la energía positiva requieren la aplicación repetida por largos períodos de tiempo, de acuerdo a los problemas existentes.

- La manera de saber si un receptor requiere aún energía positiva, es que las mismas continúe fluyendo y el que aplica continúe sintiendo su paso.

- Cuando se termina el paso de la energía positiva, es posible dejar de aplicarla, pero conviene cerciorarse de que ya dejo de fluir.

- Algunos problemas aparentemente no mejoran de manera local, por la existencia de otro tipo de padecimiento, que ocasiona el síntoma.

- Cuando un problema local no cede, es necesario aplicar la energía positiva por cantidades grandes y períodos prolongados para que la misma llegue al sitio o sitios que se encuentran mal y causan el síntoma local.

- A veces la aplicación de la energía positiva causa un aumento temporal de los síntomas de un padecimiento, después de su aplicación y una desmejora posterior a la aplicación indica que la energía positiva se encuentra actuando.

- La energía positiva puede aplicarse por más de una persona al mismo tiempo, con lo cual la energía positiva puede fluir hacia distintos sitios al mismo tiempo.

-

- La energía positiva puede aplicarse por muchas personas alternadamente, lo cual permite al receptor recibir más.

- La aplicación de la energía positiva puede realizarse mediante contacto directo del emisor o a distancia del receptor sin disminuir su efectividad.

- Si la distancia es grande, es conveniente dirigir la energía positiva mentalmente hacia el receptor, pues otras personas que requieren también energía positiva pueden interferir captando la misma,

- En ocasiones, especialmente tratándose de dolor, éste desaparece más rápido, que el problema que los genera; por lo cual, la desaparición del dolor no indica que se deba suspender la aplicación de la energía positiva, se suspende cuando la energía positiva ya no fluye o cuando el receptor toma tanta energía que el tiempo disponible no alcanza.

- La energía positiva se transmite a largas distancias con una sensación parecida a la que se da a cierta distancia. En ese caso es posible que otra persona que requiere energía positiva aparezcan en nuestros pensamientos, para lo cual debemos solicitarla amablemente que esperen a otra ocasión.

- El amor abre un canal más efectivo para el flujo de la énergía positiva, las personas que aman a un enfermo son las que más pueden ayudarle.

- Cuando un receptor toma demasiada energía positiva, el transmisor puede sentir algún tipo de molestia por lo cual debe interrumpir la aplicación y reanudarla por cortos períodos hasta lograr que su recepción no ocasione molestia alguna.

- La suspensión de una aplicación no causa lesión o daño al receptor.

- El efecto de la energía positiva es acumulativo.

- La aplicación de la energía positiva puede realizarse por las plantas de los pies o por las palmas de las manos e

México
Diciembre 2010

www.ingramcontent.com/pod-product-compliance
Ingram Content Group UK Ltd.
Pitfield, Milton Keynes, MK11 3LW, UK
UKHW020216250726
13967UKWH00001B/35

9 781257 091201